TRÜBE WASSER

D. DAVID   C. CUADRA   &   R. MIEL

Das Europäische Parlament hat auf dem 30. Internationalen Comic-Festival von Angoulême (23.-26. Januar 2003) für den Comic-Band „Trübe Wasser" den „Prix Alph-Art de la Communication" erhalten, der für die beste Kommunikationskampagne unter Verwendung von Comics als Informationsträger verliehen wird.

Die in dieser Geschichte dargestellten Abenteuer sind zwar reine Fiktion, die beschriebenen Verfahren entsprechen jedoch der Wirklichkeit.

Herausgeber: Generaldirektion für Information und Öffentlichkeitsarbeit des Europäischen Parlaments (Abteilung Veröffentlichungen und Veranstaltungen – Jacques Hinckxt)

Konzept und Ausführung: Concerto, Brüssel – www.concerto.be
Szenario und Dialoge: Cristina Cuadra, Rudi Miel
Zeichnungen: Dominique David
Farbgebung: Etienne Simon

Gebäude Straßburg: Architecture Studio

Danksagung an: Marta Kindelán Bustelo, Solvay-Bibliothek

Besuchen Sie das Europäische Parlament im Internet
www.europarl.eu.int

... oder die Websites der Informationsbüros:

für Deutschland
www.europarl.de

für Österreich
www.europarl.at

Ich hoffe, heute Nacht ist es ruhiger als gestern...

Pass nur ja gut auf!!

...Zweimal Fehlalarm im Süd-Sektor in nicht mal einer Stunde!

Tschüss Max, bis morgen!

NWEEEE

WAH WAH

Das darf doch nicht wahr sein... schon wieder der Süd-Sektor?!

1

Im Plenum geht es heute um alles oder nichts...

Wenn ich es nicht schaffe, meine Kollegen zu überzeugen, hat das Parlament schon wieder eine Chance verpasst, für die Umwelt in Europa was zu erreichen...

...Die Zukunft unserer Kinder und Kindeskinder, ja des ganzen Planeten steht auf dem Spiel!

Ein Glas Wasser... In einigen Jahren ist das vielleicht ein unbezahlbarer Luxus, wenn sich die Länder nicht darauf einigen können, unsere Wasservorräte zu schützen.

Ja, das ist vor allem eine Frage der **Solidarität.** Danke.

RRING

2

Lass nur, ich heb' schon ab. Wir haben nicht mehr viel Zeit!

Guten Tag, Herr Soro. Ja, Frau Vega ist noch da, aber sie muss jetzt ins Plenum... Kann ich Ihnen weiterhelfen? Ist es dringend?

Deine Fraktion ist auf unserer Seite? **Schön zu hören!** Hoffen wir, dass die anderen das auch so sehen!

Irina! Hat der Umweltausschuss tatsächlich dich als Berichterstatterin in dieser heißen Angelegenheit auserkoren? **Ha! Ha! Ha!** Können wir uns auch darauf verlassen, dass du Öl ins Feuer gießt? **Ha! Ha! Ha!**

Freu dich nicht zu früh! Warte erst mal meine Änderungsanträge zum Kommissions-vorschlag ab...

Pass bloß auf, Irina, da sind handfeste Interessen im Spiel!

Eben darum muss man versuchen, die alle unter einen Hut zu bringen!

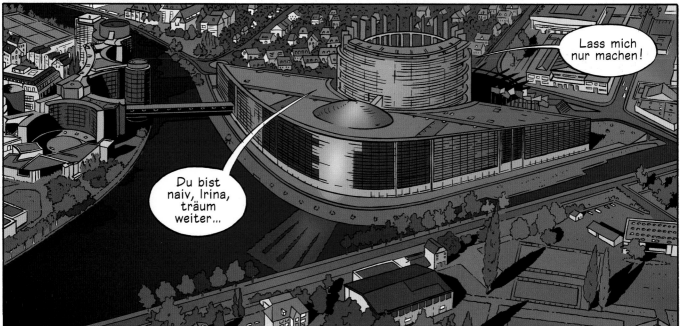

Lass mich nur machen!

Du bist naiv, Irina, träum weiter...

3

Bravo, Alex, wir sind einfach ein tolles Team!

Bravo, Irina, du warst wirklich überzeugend!

Da sind ja heute viele Besuchergruppen. Mal sehen, ob sich ein Platz findet.

Möchtest du einen Kaffee?

Kein Zweifel, das Parlament hat einiges mitzureden bei der Wasserverschmutzung, den Tarifen, der Verwaltung und vor allem bei den Fristen für die Umsetzung.

Demnächst trudelt der Gemeinsame Standpunkt des Ministerrates ein. Dann geht es erst richtig rund!

Auf Wiedersehen miteinander, ich fahre zurück nach Brüssel.

Um diese Zeit? Dann bist du aber spät zu Hause.

Schon, aber ich fahre mit Kollegen mit, du weißt schon: Fahrgemeinschaft.

Ich fahre morgen früh mit dem Zug.

...Neue Umweltkatastrophe: Chemieriese Carimas Hauptverdächtiger...

MESDAMES ET MESSIEURS, NOUS ARRIVONS À BRUXELLES GARE DU LUXEMBOURG ... DAMES EN HEREN...

Wie schrecklich! Schon wieder giftige Abwässer. Wenn das nicht aufhört, gibt es in Europa bald keinen einzigen sauberen Fluss mehr!

Komisch... Ich glaube, dieser Typ beobachtet mich...

5

Immer dieser Spagat zwischen Brüssel und Straßburg...

...aber es würde mir schwer fallen, mich zwischen belgischen Muscheln und Elsässer Flammkuchen zu entscheiden!

Hier zieht's ja wie verrückt!

HILFE!

?! Na so was!...

6

Einige Wochen später...

Ah, die Sitzung findet wie vorgesehen um neun Uhr statt.

Alex! Wie geht's? Dich sieht man ja überhaupt nicht mehr!

MARTHA!...

...Ja, ich komme nicht mal mehr zum Essen!

Gehen wir zusammen rüber?

Immer noch schwer aktiv für den Umweltausschuss?

Wie du siehst. Und du, wolltest du nicht als OSZE-Mitarbeiterin nach Tschetschenien?

Ich möchte noch einmal kurz auf die Tagesordnung hinweisen: zunächst Prüfung der Fragen der EVP-Fraktion zum Fluglärm..., anschließend Fragen der sozialdemokratischen Fraktion zum Entwurf der Gentechnik-Richtlinie.

Herr Prado hat das Wort.

Unserer Ansicht nach muss der Fluglärm in der Nähe von Flughäfen dadurch reduziert werden...

...dass man das **Überfliegen** von Städten vor der Landung verbietet.

Frau Vega?

Jedes Verbot muss die Flugsicherheit berücksichtigen ...

7

...Sie wissen, dass die Wetterbedingungen manchmal zu Routenänderungen führen. Außerdem sind die Auswirkungen auf die örtliche Beschäftigung und die regionale Entwicklung zu bedenken.

Es tut mir leid, Herr Prado. Sie haben bereits gesprochen. Wir müssen zum nächsten Punkt der Tagesordnung übergehen...

Was hältst du von einer Pizza bei **da Mimo?**

Jean Monnet

Gute Idee! Ein bisschen frische Luft wird uns gut tun...

Jacques! Was für eine Überraschung!

Na, ihr Sonnenanbeter?

Ich hab' versucht dich anzurufen, aber es hat sich niemand gemeldet...

Ich bin spät dran. Ich bereite eine neue Fotoausstellung vor, ganz in der Nähe....

TARIF

Toll! Und wo?

In der Solvay-Bibliothek... Das Thema wird dich interessieren: „Trübe Wasser".

Und ob mich das interessiert!

BEPPI, UNA NAPOLITANA E DUE FRUTTI DI MARE!

SIGNORE?

Nichts, danke.

Willst du nicht eine Kleinigkeit mit uns essen?

8

9

Diana arbeitet für eine Menschenrechts-NGO.

Und Sie beschäftigen sich mit der Umwelt?

Ja, unter anderem.

Ah! Kostas! Das ist Irina, die Freundin, von der ich dir erzählt habe...

...sie ist Abgeordnete im Europäischen Parlament.

Nett, Sie kennen zu lernen; sind Sie auch Fotograf?

Ja, ich mache auch Fotos von Landschaften, die durch Eingriffe von Menschen verändert wurden...

...Meine Fotos haben es allerdings noch nicht auf die Titelseite geschafft!

Das Foto von Carimas, das in den Zeitungen war, hast doch du gemacht, Jacques?

Ja, genau...

...Ich habe noch mehr; wenn du willst, zeige ich sie dir schon mal...

...sie gehören zu den Fotos, die ich für die Ausstellung ausgewählt habe.

Hast du das hier schon gesehen?!

Bruch eines Staudamms in der Nähe eines Bleibergwerks in Südeuropa – das Wasser war mit Schwefelsäure verseucht.

RRRING

Entschuldigt mich!

10

Irina! Jemand, der behauptet, vertrauliche Informationen über die Abwassereinleitungen zu besitzen, versucht dich zu erreichen. Die Verbindung wird jedes Mal unterbrochen; es hört sich an, als würde er von einer Telefonzelle anrufen...

Weißt du schon, dass Jacques seit Tagen anonyme Drohanrufe bekommt?

Warum gerade Jacques?

Tja, weil von ihm das Foto stammt, das den Skandal ausgelöst hat...

Wenn du mich fragst, dann ist das noch längst nicht das Ende. Die werden bestimmt versuchen, noch mehr Druck zu machen...

Und er hat dir nicht gesagt, wie er heißt?

Nein. Er hat sehr nervös gewirkt.

Hast du die Zeitungen von heute?

Ich habe noch keine Zeit gehabt, sie durchzusehen...

Carimas vor Gericht!

Christian Lob, Direktor des Konzerns, wirft der Presse Manipulation vor und droht, alle Zeitungen zu verklagen, die weiterhin verleumderische Anschuldigungen verbreiten...

RRiing

Hallo? Nein, tut mir wirklich leid, Frau Vega kann diese Frage nicht beantworten. Nicht in diesem Stadium.

Das war die *European Post*: Sie wollten, dass du dich zur Carimas-Affäre äußerst. Sie wollten wissen, ob es mit der Wasserrichtlinie möglich sein wird, giftige Einleitungen wirksamer zu bekämpfen.

Bei diesem ganzen Stress bin ich nicht sicher, ob ich heute Abend zu dem Arbeitsessen gehen werde.

RRiing

Das von Terra Viva?

Ja, sie haben Leute von der Kommission, dem Parlament und der Industrie eingeladen. Aber auch Journalisten und ein paar NGO-ler.

Die Fraktionssitzung wird den ganzen Vormittag dauern. Kümmere dich um die Presse und halt die Ohren steif! Du machst das schon!

RRiing

RRiing

Frau...?

VEGA...

hier meine Einladung

Guten Abend! Folgen Sie mir bitte... für Sie ist ein Platz neben Herrn Opdebeek von Fimoil reserviert.

Ich finde, die Fristen für das Inkrafttreten der neuen Richtlinie müssen strenger gehandhabt werden. Wir müssen über das Verursacherprinzip hinausgehen. Strafen und steuerliche Maßnahmen reichen nicht aus, um die Verschmutzung der Flüsse und Wasserflächen zu stoppen.

Ich bin ganz Ihrer Ansicht, Frau Vega. Eine solche Umstellung der Industrie ist durchaus machbar...

...Fimoil ist ein Beispiel dafür. Wir haben neue Umweltschutz-maßnahmen ergriffen...

...die darin bestehen, Ihren Giftmüll 100 km von Ihren Fabriken entfernt beim Nachbarn abzuladen!

Das stimmt nicht! Wir haben sehr strenge Kontrollen über uns erge-hen lassen, die beweisen, dass die Fimoil-Werke sauber sind!

Meine Damen und Herren, ich danke Ihnen, dass Sie an diesem runden Tisch teilgenommen haben! Ich möchte gleich die Gelegenheit nutzen, Sie zu einem weiteren Treffen einzuladen.

13

Frau Vega! Ich muss Sie sprechen! Ich kann nicht länger warten, es ist zu riskant!

Sie?!

Sie müssen mir zuhören! Seit Tagen versuche ich Sie anzusprechen...

Hören Sie mal, ich weiß nicht, wer Sie sind, was Sie von mir wollen oder warum Sie mich verfolgen und ich werde Ihnen ganz sicher nicht zuhören...

?

Ich bitte Sie! Ich bin hier in Gefahr!

!

Es ist wegen Carimas!

Lassen Sie diese Proben untersuchen...

...Danach reden wir weiter!

Es tut mir leid, meine Damen und Herren, wir schließen jetzt!

14

15

Einige Wochen später...

Das wird mal wieder ein langer Tag!

Wem sagst du das!

Das Plenum muss über meine Änderungsanträge zum Gemeinsamen Standpunkt des Rates abstimmen!... Und das sind nicht wenige!

Im Umweltausschuss sind sie alle durchgegangen. Sogar die Verkürzung der Umsetzungsfrist von sechzehn auf zehn Jahre, obwohl du dir da nicht sicher warst...

Wir fordern außerdem die Aufnahme radioaktiver Substanzen! Weder die Kommission noch der Rat haben die erwähnt!

Wir schreiten zur Abstimmung von Änderungsantrag 66 zum Grundwasser...

16

17

Sie haben einiges an Material geklaut, aber auch Negative und Abzüge... Das wird teuer!

Die haben alles kaputtgemacht!

Sie haben richtig gewütet, aber das war reine Zeitverschwendung!

Hier - das haben sie gesucht!

Na, das ist ja wohl klar! Dahinter steckt Carimas!

Hast du das der Polizei erzählt?

„Sie?"

Ich habe keine Beweise, aber es war mein Foto, das den Skandal ausgelöst hat, und dann noch die Drohanrufe ...

Hier sieht's ja schrecklich aus! Carla hat mich angerufen... Ich habe dich ja gewarnt! Solche Leute sind nicht zimperlich...!

Wir sind fertig. Kommen Sie dann bitte aufs Kommissariat, damit wir die Anzeige aufnehmen können.

KOSTAS!

Das kannst du nicht einfach so hinnehmen. Ich rufe deine Zeitung an ...

Was ich brauche, ist dein Labor... Wir haben gerade noch genug Zeit, um bis zur Vernissage neue Abzüge zu machen.

Herr Golding? Glauben Sie, es gibt einen Zusammenhang zwischen diesem Einbruch und dem Carimas-Skandal?

18

Jetzt geht's rund!

Ich habe einen Gewerkschaftsvertreter von Carimas an der Strippe... die Beschäftigten drohen mit Streik.

Frau Vega, wir fordern, dass die Europäische Union die Arbeitsplätze in der Chemiebranche sichert!... Ihre neuen Umweltschutzmaßnahmen werden zu einer sozialen Katastrophe führen!

Die Arbeitsplätze sind für uns genauso wichtig wie für Sie, aber die sind nicht zu retten, indem man die Umweltverschmutzung fördert!

Sie wollen es einfach nicht verstehen. Carimas hat eine Umstrukturierung angedroht, um die Krise und den Rückzug der Investoren zu bewältigen. Dadurch werden mehr als zweitausend Arbeitsplätze vernichtet!

Sie werfen uns vor, die Umwelt zu verschmutzen. Na gut, dann werden wir das auch mal wirklich tun!

Seid doch mal für einen Augenblick ruhig!

Sie werden uns nie zuhören! Dann müssen wir sie eben dazu zwingen.

Das kommt gar nicht in Frage! Das ist doch hirnrissig!

Wirst du vielleicht meine Raten abzahlen, wenn wir stempeln gehen müssen?!

* Carimas erneut im Rampenlicht – Fotograf Jacques Golding Opfer eines merkwürdigen Einbruchs.

Der wahre Grund für die Kündigungen sind doch die Schwierigkeiten in der gesamten Chemiebranche, nicht die Umweltschutz- maßnahmen.

Leider sagt die Industrie et- was anderes. Sie behauptet, die geplante Richtlinie sei der Grund für ihre Probleme, wie im Fall Carimas

Jean Monnet 162

Jedenfalls machen die Skandale die Vermittlung nicht leichter...

Der Ministerrat befürchtet einen Generalstreik, der den gesamten Sektor hart treffen würde!

Wieder ein schwarzer Tag für Carimas. Prozessrisiken belasten den Aktienkurs des Konzerns schwer; die Beschäftigten haben für morgen Arbeitsniederlegungen angekündigt... Eine Gewerk- schaft droht mit der Einleitung giftiger Abwässer, wenn Carimas seine Umstrukturierungspläne nicht fallen lässt...

BRING

* Fakultät für Angewandte Wissenschaften. Testergebnisse:

20

Seit mehreren Jahren kämpft die Chemiebranche mit einer Krise, die auf die Umstellung bestimmter Industrien zurückzuführen ist...

Hallo?

Haben Sie die Ergebnisse?

Wer ist am Apparat?

Das tut nichts zur Sache, Irina! Gucken Sie in den Unterlagen zur Carimas-Untersuchung nach; da finden Sie dieselben Substanzen wie in den Proben...

Und was... Hallo? Hallo!?

Wie konnte er wissen, dass ich die Ergebnisse heute bekommen habe...?

Eine Woche später...

Haben Sie den Empfänger bereits benachrichtigt?

Wir wollten Ihre Anweisungen abwarten.

Frau Vega, wir haben heute Morgen ein verdächtiges Päckchen für Sie abgefangen. Könnten Sie bitte in die Poststelle kommen?

Sie scheinen einen Verehrer zu haben...

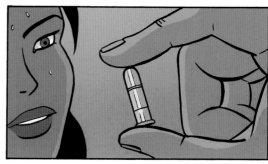

21

...Ohne Zugeständnisse bei den Fristen für die Umsetzung und den Ausnahmen werden Sie die Mehrheit der Mitgliedstaaten nicht bekommen...

Und die Kommission wird es nicht schaffen, bis zum ersten Juli die von Ihnen geforderte Liste der gefährlichen Substanzen zu erstellen.

Was bieten Sie also an?

Die Zustimmung des Rates zu den übrigen Änderungsanträgen.

Wir werden über Ihren Vorschlag nachdenken.

Unsere nächste Sitzung findet am Donnerstag statt.

?!

Was ist denn los?

Nehmen Sie bitte die andere Ausfahrt. Die Straße ist wegen einer Demonstration gesperrt.

Einer Demonstration?

Chemiearbeiter ...

23

STOP
Stoppt die Öko-Diktatur!

Jacques? Fangt ohne mich an.

...Ich komme ein bisschen später!

Ah! Da ist sie ja endlich, unsere Lieblingsabgeordnete! Du arbeitest zu viel, Irina!

Trinken wir auf Jacques und seine Jagd auf die bösen Umweltsünder!

Nun, Jacques, was führst du denn jetzt im Schilde?

Langsam, die Idee stammt nicht von mir!

Morgen Abend werden wir ein paar Fotos machen. Und wo? ...bei Carimas!

Scht!

Hähnchen?

24

Freitag. 0.45 Uhr

Mach den Motor aus!

Sei vorsichtig! Ich warte hier im Auto auf dich ...damit wir sofort abhauen können!

Wir bekommen Besuch!

Fässer?! Jetzt sag bloß nicht...

Los! Wir wenden! Wir müssen ihnen nach! Sie haben Gift in den Fluss gekippt!

War das wirklich von Carimas?

25

Dienstag, 10.00 Uhr. Vermittlungsausschuss

Nach reiflicher Überlegung erklärt sich das Parlament mit den vom Rat vorgeschlagenen Fristen einverstanden. Die Mitgliedstaaten werden also genügend Zeit haben, sich auf die neuen Normen einzustellen...

...jedoch unter der Bedingung, dass die Mitgliedstaaten verpflichtet werden, nach und nach die gefährlichen Substanzen aus dem Grund- und Oberflächenwasser zu eliminieren und ein faires Tarifsystem einzuführen.

Die Position des Parlaments erscheint uns vernünftig.

Meine Damen und Herren, wir sind zu einer Einigung gelangt!

Bravo! Dieses Ergebnis ist ein Erfolg für alle Seiten.

Gratuliere zu Ihrem Verhandlungsgeschick!

Noch sind wir nicht soweit!

Das Parlament muss noch zustimmen...

BEEP BEEP

Entschuldigen Sie bitte!

Jacques? Endlich, wo hast du nur gesteckt!... Moment, ich kann dich kaum verstehen...

27

* Fimoil führt einen Preiskrieg gegen Carimas auf dem asiatischen Markt.

28

EDITION SPECIALE

Fimoil hat seinem größten Konkurrenten, Carimas, ein öffentliches Kaufangebot gemacht. Es handelt sich um einen der größten Übernahmeversuche der letzten zehn Jahre...

Jacques, hast du schon die Fotos von Fimoil? Perfekt! Kann ich sie anschauen? Es ist wichtig! Ich erklär's dir später...

Taxi!

Hast du keine Nachrichten gehört?

Warum, habe ich den Pulitzer-Preis bekommen?

Nein, Fimoil versucht Carimas zu übernehmen.

Eine feindliche Übernahme!

Also deshalb! Fimoil hat das alles inszeniert!

Genau! Jetzt wird alles klar.

Da sind sie.

Die Strategie des Leoparden: das Opfer schwächen, um es dann mit einem Biss verschlingen zu können...

...und dabei auch noch alle Abfälle loswerden!

Nur hat Fimoil nicht damit gerechnet, dass ihnen jemand wie wir in die Quere kommt, stimmt's, Irina?

29

Herr Lob! Was sagen Sie als Chef von Carimas?

Könnten Sie kurz die Situation von Carimas zusammenfassen?

Bitte, meine Damen und Herren!

Mittwoch, 11.00 Uhr

CHRISTIAN LOB

Dieser Übernahmeversuch ist nur der Gipfel einer langen Liste von zweifelhaften Geschäftspraktiken, die Fimoil uns gegenüber an den Tag gelegt hat. Die Zukunft des Unternehmens liegt nun in den Händen der Investoren...

...Und um Ihnen dabei zu helfen, eine gute Entscheidung zu treffen, haben wir einen Überraschungsgast... Herr Golding, bitte.

Freitag, 0.15 Uhr. Zwei Unbekannte leeren mehrere Fässer in den Fluss....

TNI-261

Das Kennzeichen des Fahrzeugs sehen Sie links...

CARIMAS

...Das Werkstor von Carimas befindet sich genau dahinter...

...Kurze Zeit später fährt derselbe Wagen auf das Fimoil-Gelände...

FIMOIL

Ich stelle alle Fotos zur Verfügung, für die Presse und für die offizielle Untersuchung.

Herr Golding! Herr Golding!

...Eine spektakuläre Wende im Abwasser-skandal. Neuer Hauptverdächtiger ist Fimoil.

30

Am folgenden Donnerstag. 9.30 Uhr. Straßburg.

Ich schlage dem Plenum vor, das Ergebnis der Vermittlung anzunehmen. Die Verhandlungen waren nicht einfach, und ich beglückwünsche Frau Vega zu der Art und Weise, in der sie eine Einigung aller Fraktionen erzielt hat...

553

477   478

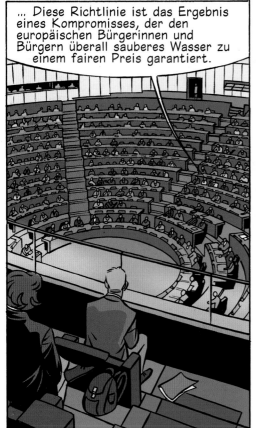

... Diese Richtlinie ist das Ergebnis eines Kompromisses, der den europäischen Bürgerinnen und Bürgern überall sauberes Wasser zu einem fairen Preis garantiert.

CLAP!   CLAP!

362   363

CLAP!   CLAP!   CLAP!

Die Aussprache ist beendet. Wir schreiten zur Abstimmung!

Die Richtlinie zur Wasserpolitik ist angenommen!

Die Analysen haben bestätigt, dass die Substanzen, die in den Fluss geschüttet worden sind, von Fimoil und nicht von Carimas stammten. Der Unbekannte, der dir die Proben gegeben hat, wollte dich auf den richtigen Weg bringen. Aber warum?

Ja, wer und warum? Wir werden es vielleicht nie erfahren... Gehen wir was essen, bevor wir fahren?

Genau das wollte ich auch gerade vorschlagen!

31

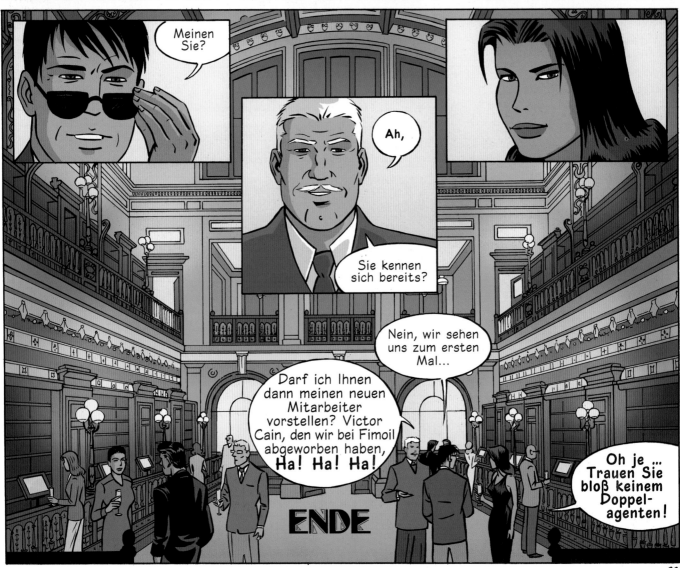

ENDE

Wussten Sie schon...

Straßburg

Straßburg ist der Sitz des Europäischen **Parlaments**.

Europäische Union

Die Europäische Union (EU) ist ein immer enger werdender Zusammenschluss der europäischen Völker. In Straßburg wehen die Fahnen der Mitgliedstaaten. Derzeit sind es 15, aber bald werden es mehr sein. In der EU handeln die Mitgliedstaaten in bestimmten Politikbereichen, z.B. beim Umweltschutz, gemeinsam, weil sie dadurch bessere Ergebnisse erzielen als im Alleingang.

Plenum

Ein anderer Begriff für „Plenarsitzung" = „Vollversammlung". Alle Abgeordneten des **Europäischen Parlaments** können daran teilnehmen. Pro Jahr gibt es zwölf einwöchige Plenarsitzungen in Straßburg und einige kürzere in Brüssel. Im Plenum beraten alle Abgeordneten gemeinsam Gesetzesentwürfe oder politische Fragen und stimmen gegebenenfalls darüber ab.

„Wenn ich es nicht schaffe, meine Kollegen zu überzeugen, hat das Parlament schon wieder eine Chance verpasst, für die Umwelt in Europa was zu erreichen ..."

Das Europäische Parlament, von der Abgeordneten Irina Vega hier lediglich „Parlament" genannt, wird alle 5 Jahre in allgemeiner Direktwahl von den Bürgerinnen und Bürgern der Mitgliedstaaten der **Europäischen Union** gewählt. Es hat derzeit 626 Mitglieder.
Im Gegensatz zu früher beschließen der **Ministerrat** und das Europäische Parlament heute die europäischen Gesetze im Umweltbereich gemeinsam. Bei der **Richtlinie** zur Wasserpolitik konnte das Parlament diese **„Mitentscheidung"** erstmals praktizieren.

Alex

Die Europaabgeordneten haben Assistenten. Alex ist der Assistent der Abgeordneten Irina Vega.

Fraktion

Die Europaabgeordneten können sich gemäß ihrer politischen Ausrichtung verschiedenen länderübergreifenden politischen Gruppen, den Fraktionen, anschließen. Beim Plenum sitzen die Abgeordneten dann je nach ihrer Fraktionszugehörigkeit zusammen und nicht nach ihrem Herkunftsland. Die Fraktionen spielen eine wichtige Rolle bei den politischen Entscheidungen des **Europäischen Parlaments**. Die meisten Europaabgeordneten sind Mitglieder einer Fraktion, einige bleiben „fraktionslos".

Berichterstatter/in

Wenn ein parlamentarischer **Ausschuss** einen europäischen Gesetzesentwurf prüfen muss, wählt er eines seiner Mitglieder – den Berichterstatter oder die Berichterstatterin – aus, um sich mit dem Thema zu befassen und dann einen Bericht dazu auszuarbeiten. Findet dieser Bericht im Ausschuss eine Mehrheit, wird er zur Prüfung und Abstimmung an das **Plenum** weitergeleitet. Wird der Bericht auch vom Plenum angenommen, stellt der verabschiedete Text die offizielle Position des Europäischen Parlaments dar.

Umweltausschuss

Die Europaabgeordneten verteilen sich auf 17 ständige Ausschüsse, die sich mit verschiedenen Sachgebieten beschäftigen. Der Umweltausschuss ist einer davon. Im Gegensatz zum Plenum nehmen an einer Ausschusssitzung nicht alle 626 Abgeordneten, sondern nur die jeweiligen Ausschussmitglieder teil.

Änderungsanträge

Ist das Europäische Parlament mit einem Gesetzesvorschlag der Kommission nicht ganz zufrieden, kann es dazu Änderungsanträge beschließen. Solche Änderungsanträge werden zunächst im zuständigen **Ausschuss** eingereicht, der darüber abstimmt. Danach werden sie dem Plenum des **Europäischen Parlaments** zur Abstimmung vorgelegt.

Kommission

Die Europäische Kommission (von Alex hier lediglich „Kommission" genannt) schlägt die europäischen Gesetze vor. Sie ist für die Durchführung der europäischen Politik und die Einhaltung der EU-Verträge zuständig. Derzeit hat sie 20 unabhängige Mitglieder (je zwei Kommissare für Deutschland, Frankreich, Italien, Spanien und das Vereinigte Königreich und je einer für die übrigen Länder). Dem Europäischen **Parlament** ist die Wahl (oder die Ablehnung) der Kommission vorbehalten, deren Mitglieder von den Regierungen der Mitgliedstaaten vorgeschlagen werden.

„water is not a commercial…"

Der Dolmetschdienst sorgt dafür, dass die parlamentarischen Beratungen in allen Amtssprachen der **Europäischen Union** stattfinden können.

Mitentscheidung

Die „Mitentscheidung" ist das übliche Gesetzgebungsverfahren in der **Europäischen Union**: Ministerrat und Europäisches **Parlament** beschließen gleichberechtigt die von der Europäischen **Kommission** vorgeschlagenen europäischen Gesetze. Ohne die abschließende Zustimmung des Europäischen **Parlaments** kommt kein europäisches Gesetz mehr zustande.

Ministerrat

Der Ministerrat besteht aus den Ministern der einzelnen Mitgliedstaaten (oder ihren Vertretern) und heißt offiziell „Rat der Europäischen Union". Er erlässt, häufig im Mitentscheidungsverfahren, gemeinsam mit dem Europäischen **Parlament**, die europäischen Gesetze. Die jeweilige Zusammensetzung des Rates, also welcher Minister sein Land bei einer Ratssitzung vertritt, hängt vom Thema ab (auswärtige Angelegenheiten, Haushalt, Umwelt…).
Dieser Rat wird oft mit dem „Europäischen Rat" verwechselt. Mindestens zweimal pro Jahr tritt der Europäische Rat zusammen, der aus den Staats- und Regierungschefs der Mitgliedstaaten und dem Präsidenten der **Kommission** besteht. Er legt die allgemeinen politischen Leitlinien der **Europäischen Union** fest. Seine Sitzungen werden in den Medien auch als „Gipfel" bezeichnet.

„Meine Damen und Herren, wir schreiten nun zur Abstimmung"

Bei seiner Plenarsitzung stimmt das Parlament in erster Lesung über den Bericht zum Gesetzesvorschlag der Kommission ab. Dies ist der eigentliche Beginn der Mitentscheidung. Das gesamte Mitentscheidungsverfahren kann bis zu drei Lesungen umfassen.

„Liebe Kolleginnen und Kollegen"

Während das Europäische **Parlament** alle 5 Jahre neu gewählt wird, wechselt sein Präsident bereits nach der Hälfte dieser Wahlperiode. D.h. alle zweieinhalb Jahre wählen die Abgeordneten einen neuen Präsidenten oder eine neue Präsidentin. Dieser leitet sämtliche parlamentarische Tätigkeiten, nimmt den Vorsitz bei den Tagungen wahr und vertritt das Parlament bei allen Außenbeziehungen.

Gemeinsamer Standpunkt

Als „Gemeinsamen Standpunkt" bezeichnet man den Text, auf den sich der Ministerrat einigt, nachdem das Europäische **Parlament** seinen Standpunkt in erster Lesung angenommen hat.

„Bruxelles-Gare du Luxembourg"

Dieser Brüsseler Bahnhof grenzt an die Gebäude des **Europäischen Parlaments** in Brüssel.

„Immer dieser Spagat zwischen Brüssel und Straßburg..."

Die Europaabgeordneten arbeiten sowohl in Straßburg, wo die meisten Tagungen des Parlaments abgehalten werden, als auch in Brüssel, wo die Sitzungen der **Ausschüsse** und der **Fraktionen** sowie einige Zusatztagungen stattfinden. An einem dritten Ort, nämlich Luxemburg, ist das Generalsekretariat des **Parlaments** angesiedelt. Eine Reihe von Beamt/inn/en und die Mitarbeiter/innen der **Fraktionen** des Europäischen **Parlaments** arbeiten in Brüssel.

Info Point

In den Mitgliedstaaten, aber auch in den Beitrittsländern, gibt es zahlreiche „Info-Points" der **Europäischen Union**. Die Bürgerinnen und Bürger bekommen dort allgemeine Informationen über die **Europäische Union** und ihre Politik. Alles über die Tätigkeit des **Europäischen Parlaments** und seiner Abgeordneten erfährt man unter www.europarl.eu.int oder bei einem der Informationsbüros des **Europäischen Parlaments** in den Mitgliedstaaten.

OSZE

„Organisation für Sicherheit und Zusammenarbeit in Europa": Die OSZE, der europäische, aber auch asiatische und die nordamerikanischen Staaten angehören, soll Konflikte in Europa verhüten. Sie vermittelt bei bereits ausgebrochenen Konflikten und hilft, deren Folgen zu bewältigen.

Richtlinie

Eine Richtlinie ist ein bestimmter Typ eines europäischen Gesetzes. Die Richtlinie ist verbindlich im Hinblick auf das anzustrebende Ergebnis, überlässt es aber den Mitgliedstaaten, wie sie dieses Ziel erreichen wollen. Eine Richtlinie schreibt z.B. bestimmte Grenzwerte für die Luftqualität vor. Ob die Mitgliedstaaten diese jedoch durch mehr Filter an Industrieanlagen oder sauberere Treibstoffe erreichen, bleibt ihnen selbst überlassen.

Zweite Lesung

Wenn das **Europäische Parlament** den Gemeinsamen Standpunkt des Rates ändern möchte, kommt es zur zweiten Lesung.

NGO

„Non-Governmental Organizations", also „Nicht-staatliche Organisationen" sind unabhängig von Regierungen in verschiedenen Bereichen aktiv: Nahrungsmittelhilfe, Gesundheit, Schutz der Menschenrechte oder Umweltschutz. Die Liste ist sehr lang: Rotes Kreuz, Amnesty International, Ärzte ohne Grenzen, Caritas, Oxfam, WWF International…

Vermittlungsausschuss

Wenn bei einem Mitentscheidungsverfahren nach der zweiten Lesung Uneinigkeit zwischen dem **Europäischen Parlament** und dem **Ministerrat** herrscht, wird ein „Vermittlungsausschuss" aus den Mitgliedern des **Rates** und einer Delegation des **Parlaments** gebildet. Die Delegation des **Parlaments** hat ebenso viele Mitglieder wie die des Rates.

Gewerkschaft

Die im 19. Jahrhundert aufgekommenen Gewerkschaften verteidigen die Rechte und Forderungen der Beschäftigten in einem Unternehmen, einem Wirtschaftszweig, auf nationaler Ebene oder auf der Ebene der **Europäischen Union**.

Verwaltungsrat

Der Verwaltungsrat eines Unternehmens ist für die strategischen Entscheidungen zuständig.

„Du wirst aber mit dem Rat verhandeln müssen."

Das **Europäische Parlament** und der **Rat** der Europäischen Union machen gemeinsam die europäischen Gesetze. Können sie sich dabei nicht einigen, muss zwischen den beiden Institutionen auf dem Verhandlungsweg ein Kompromiss gefunden werden. Diese Verhandlungen finden im **Vermittlungsausschuss** statt.

Informelle Sitzung des Vermittlungsausschusses

Bei den informellen Sitzungen des **Vermittlungsausschusses** müssen nicht alle Mitglieder anwesend sein. Es handelt sich um vorbereitende Arbeitssitzungen, bei denen unter anderem mögliche Kompromisse sondiert werden.

„Frau Maria Castanheira als Vertreterin des Rates, Herr Simon Webb, Vertreter der Kommission"

Bei solchen informellen Sitzungen des **Vermittlungsausschusses** wird der **Ministerrat** vertreten von einem Beamten oder einer Beamtin des **Mitgliedstaates**, der gerade den (sechsmonatigen) Ratsvorsitz innehat. Die **Kommission** entsendet ebenfalls eine/n Vertreter/in.

„... werden Sie die Mehrheit der Mitgliedstaaten nicht bekommen..."

Die Mitgliedstaaten nehmen einen Standpunkt durch ihre Vertreter im **Ministerrat** an.

Fristen für die Umsetzung

Die Richtlinien sehen bestimmte Fristen für die Umsetzung der beschlossenen Maßnahmen vor, um den Mitgliedstaaten die dafür notwendige Vorbereitungszeit zu geben.

Vermittlungsausschuss (Fortsetzung)

An den offiziellen Sitzungen des **Vermittlungsausschusses** nimmt ein Minister oder eine Ministerin des Landes teil, das gerade die EU-Ratspräsidentschaft innehat; auch die **Europäische Kommission** entsendet eines ihrer Mitglieder. Die Delegation des **Europäischen Parlaments**, in der die politischen Kräfte ausgewogen vertreten sind, wird von einem Vizepräsidenten/einer Vizepräsidentin angeführt; außerdem gehören ihr stets der oder die **Berichterstatter/in** zum Thema sowie der oder die Vorsitzende des zuständigen **Ausschusses** an.

„Das Parlament muss noch zustimmen..."

Eine Einigung im Vermittlungsausschuss ist tatsächlich in den meisten Fällen eine Garantie für den erfolgreichen Abschluss des Gesetzgebungsverfahrens, der Entwurf des **Vermittlungsausschusses** ist jedoch stets in einer dritten und letzten Lesung vom **Europäischen Parlament** zu bestätigen.

„Fimoil hat eine feindliche Übernahme angekündigt!"

Unternehmen, die einen Konkurrenten schlucken wollen, greifen häufig zum Instrument eines öffentlichen Kaufangebots: Den Aktionären der betroffenen Gesellschaft wird dabei für ihre Aktien ein höherer Preis als der Börsenwert angeboten. Wenn ein Unternehmen der Auffassung ist, dass ihm ein solches Vorgehen Schaden zufügt, spricht man von einer „feindlichen Übernahme".